PAUL DEMENY

LIED
DE
LA CLOCHE
(TRADUIT DE SCHILLER)

Avec une Préface de A. BOSSERT
Professeur de Faculté.

PRIX : 2 FRANCS

PARIS
ALPHONSE LEMERRE, ÉDITEUR
27-29, PASSAGE CHOISEUL, 27-29

1872

LIED
DE LA CLOCHE

ŒUVRES POÉTIQUES DE PAUL DEMENY

(1870-1872)

Les Glaneuses, 1 volume in-18. . . . . . 3 fr. »
La Sœur du Fédéré, poëme. 1 volume in-18. » 50
Lied de la Cloche (traduit de Schiller), avec une Préface de A. Bossert, professeur de Faculté. 1 volume in-12. . . . . 1 »
Les Visions, sonnets et poëmes. 1 volume in-18. . . . . 3 »

Théâtre.

La Flèche de Diane, comédie en un acte, en vers. 1 volume in-18. . . . . 1 50

En préparation :

SOEUR PLACIDE

roman-poëme.

Paris. — J. Claye, imprimeur, 7, r. Saint-Benoît. — [82´]

PAUL DEMENY

LIED
DE
LA CLOCHE
(TRADUIT DE SCHILLER)
Avec une Préface de A. BOSSERT
Professeur de Faculté.

PARIS
ALPHONSE LEMERRE, ÉDITEUR
27-29, PASSAGE CHOISEUL, 27-29

1872

PRÉFACE

Schiller était arrivé à Weimar en 1787; il avait vingt-huit ans. Après les efforts pénibles, souvent infructueux, de sa jeunesse, il avait trouvé un refuge dans la petite cité hospitalière qui devenait peu à peu le centre de la littérature allemande. Au mois de novembre, il fit un voyage à Meiningen, où demeurait sa sœur, mariée au bibliothécaire Reinwald. Il y rencontra un ami de jeunesse, Guillaume de Wolzogen, qui l'accompagna au retour, et qui le présenta chez une parente, Mme de Lengefeld. La maison de Mme de Lengefeld était située à l'entrée de la ville de Rudolstadt; elle vivait là avec ses deux filles. Nous allons laisser l'une d'elles raconter elle-même l'arrivée des deux voyageurs :

« *Par une sombre soirée de novembre, nous vîmes deux cavaliers passer sur la route. Ils étaient enveloppés dans leurs manteaux. Nous reconnûmes notre cousin Guillaume de Wolzogen; mais l'autre cavalier nous était inconnu. Nous reçûmes bientôt la visite de notre cousin, qui nous demanda la permission de nous présenter dans la soirée son compagnon de route*

Schiller, qui retournait de Meiningen à Weimar.

« Schiller se sentit à l'aise dans notre cercle de famille. Comme nous vivions très-retirées, nous n'avions, pour nous distraire, que les occupations de l'esprit. Nous faisions des lectures, sans nous laisser déterminer par des jugements critiques, et en suivant le seul penchant de nos âmes. Il fallait une telle société à Schiller pour qu'il s'abandonnât dans la conversation. Nous ne connaissions pas encore Don Carlos : il parut désirer, sans nulle vanité d'auteur, que nous en fissions la lecture.

« La pensée de s'attacher à notre famille parut s'élever dès ce soir dans son esprit, et nous fûmes heureuses d'apprendre au départ qu'il avait l'intention de passer l'été prochain dans notre belle vallée. »

La plus jeune des deux sœurs, Charlotte de Lengefeld, fut unie, le 20 février 1790, avec Schiller. L'aînée épousa Guillaume de Wolzogen; le récit qu'on vient de lire est extrait de la Vie de Schiller qu'elle composa d'après ses souvenirs, et qui devint la source des biographies plus récentes.

Schiller passa en effet une partie de l'été 1788 dans la vallée de Rudolstadt. Il s'établit dans un village nommé Volkstædt, peu éloigné de la ville. Quelques auteurs anciens l'avaient accompagné; il lisait Homère, il étudiait les tragiques grecs : c'était l'époque où il cherchait à corriger la fougue de sa première manière et à donner à sa poésie les formes pures de l'art antique. Chaque soir il reprenait le sentier qui conduit à Rudolstadt le long de la Saale. « Nous allions à sa rencontre, dit Mme de Wolzogen, en suivant les arbres qui bordent la rive, et nous l'attendions ordinairement auprès d'un petit pont jeté sur un torrent qui précipite ses eaux dans la Saale. »

Mme de Wolzogen raconte aussi que les promenades de Schiller se dirigeaient souvent vers une forge située au fond de la vallée. Il assista un jour à la fonte d'une cloche, et, tout en observant le travail des fondeurs, il conçut le plan de son poëme. Il en écrivit aussitôt quelques parties, sans doute les premières, où l'on retrouve le genre d'images qui passaient alors devant l'esprit du poëte. Le poëme de la Cloche paraît écrit sous deux influences, celle de la poésie antique qui a déterminé la beauté de la forme, et celle d'un séjour tranquille et heureux dont les souvenirs revivent dans une série de gracieux tableaux.

« Je ne connais dans aucune langue, dit Guillaume de Humboldt, un ouvrage qui, dans un espace aussi étroit, enferme un aussi vaste horizon : c'est comme une petite épopée qui parcourt toutes les époques de la vie humaine. » Le poëte touche en effet à toutes les situations de la vie. La cloche annonce la cérémonie du baptême, la fête des noces; elle sonne le glas des morts, le tocsin de l'incendie.

Elle s'associe aux joies et aux douleurs de la famille, aux événements qui s'accomplissent dans la cité. Elle marque l'heure du repos, quand la voiture chargée ramène les moissonneurs; mais elle donne aussi le signal de la violence, quand l'émeute tire convulsivement ses cordes. Comme une voix du destin, tour à tour douce et terrible, elle accompagne chaque pas que l'homme fait sur la terre.

Le poëme de la Cloche *comprend deux parties étroitement enchaînées : le maître fondeur explique, dans une série de strophes semblables, le travail de la fonte; et à chaque strophe se rattache un morceau lyrique dont le mètre varie. Il est difficile de reproduire en français un ouvrage où Schiller a profité de toutes les* *ressources de la prosodie allemande : déjà Mme de Staël en jugeait ainsi. Ceux des lecteurs de M. Paul Demeny qui peuvent lire le texte allemand lui tiendront compte des difficultés contre lesquelles il n'a pas craint de lutter; et les autres lui sauront gré de leur avoir fait connaître un chef-d'œuvre étranger dont une traduction en prose, même la meilleure, ne saurait donner qu'une idée imparfaite.*

A. B.

A

M. KOSZUTSKI

MON CHER ET VÉNÉRÉ MAITRE

LIED
DE LA CLOCHE

Vivos voco; mortuos plango; fulgura frango.

LE MAITRE FONDEUR.

Le moule, cuit au feu, dans le sein de la terre
    Est déjà fermement assis.
La cloche au bout du jour doit naître à la lumière !
    Courage ! A l'œuvre, mes amis !
        Qu'une sueur brûlante
        Inonde votre front,
Qu'elle honore le maître et l'exempte d'affront.
C'est au ciel de bénir l'entreprise naissante.

CHŒUR.

L'ouvrage sérieux qui nous tient suspendus
Réclame une parole auguste et sérieuse,
Car le travail fera des pas mieux entendus
Si le sage discours suit sa marche pieuse.
Laissons courir un œil sévère et diligent
Sur ce que produira notre extrême faiblesse;
Arrière! Méprisons l'homme inintelligent
Qui ne réfléchit pas au projet qu'il caresse :
Si l'homme est souverain parmi les animaux,
C'est grâce à la raison, cette flamme divine,
Dont la lumière doit éclairer les travaux
Que son aveugle main exécute et combine [1].

LE MAITRE FONDEUR.

Rassemblez en un tas des branches de sapin,
  Mais qu'aucune ne soit humide;
Que le feu refoulé dans son étroit chemin,
  Tout droit vers le creuset se guide
   Vite ! Apportez l'étain
   Si le cuivre bouillonne,

Et le bronze tenace, ainsi qu'un fleuve plein,
Roulera fièrement son onde qui frissonne [2].

CHŒUR.

La cloche dont nos bras, à l'œuvre consacrés,
Jettent la forme d'or dans les flancs de la terre
Redira notre ardeur en accents épurés
Au sommet d'une tour élancée et légère.
L'oreille de nos fils, de nos petits-neveux [3],
L'entendra résonner des heures éternelles ;
Sa voix saura gémir avec les malheureux
Et mêler ses concerts aux psaumes des fidèles.
Tout ce que le destin, par un arrêt fatal,
Apporte chaque jour à notre race humaine
Monte vers la couronne et l'orbe de métal :
L'air portera sa voix aux échos de la plaine [4].

LE MAITRE FONDEUR.

Sur la masse, je vois des bouillons blancs jaillir :
  C'est bien ! La fusion commence :
Que le sel de la cendre y pénètre à loisir,
  Il active l'effervescence.

Que le mélange aussi
Frémisse, exempt de mousse,
Et la voix du métal, pur et non épaissi,
Retentira toujours pure, sonore et douce.

CHOEUR.

C'est elle dont le timbre altier et solennel
Salue avec ivresse, au seuil de notre vie,
Cet enfant bien-aimé, créature du ciel,
Qu'en ses bras le sommeil nous apporte endormie.
Cependant, sont cachés sous les voiles du temps
Son sort noir ou serein, son lot, sa destinée,
Et l'amour maternel, avec ses soins constants,
Veille au matin doré de sa première année.
Ils s'envolent les ans, rapides comme un trait.
L'adolescent tout fier quitte la jeune fille;
Sur les flots de la vie il s'élance inquiet,
Et revient étranger au sein de sa famille
Après avoir couru le monde en pèlerin.
Voici que tout à coup à ses côtés se dresse,
Céleste vision, belle ombre, ange divin,
La jeune fille encor brillante de jeunesse,
Rougissant devant lui d'une aimable pudeur.

Un inconnu désir, une mélancolie
Saisit alors, énerve et torture son cœur;
Il laisse, en errant seul, flotter sa rêverie,
Il évite à dessein ses compagnons joyeux
Pour essuyer les pleurs qui coulent de ses yeux;
Il suit, en rougissant, sa seule bien-aimée,
Un signe, un salut d'elle est son plus grand bonheur,
Et, voulant embellir sa tête parfumée,
Il dérobe aux gazons leur plus charmante fleur.
Oh! tendre passion, précieuse espérance,
Temps de félicité des premières amours!
L'œil pénètre du ciel la profondeur immense,
Sur des flots de bonheur, flots au suave cours,
Le cœur épanoui vogue et nage sans cesse:
Oh! s'il pouvait fleurir et refleurir toujours
Cet âge fortuné des premières amours,
  Cet âge d'or de la jeunesse!

LE MAITRE FONDEUR.

Tous les tubes déjà se mettent à brunir!
  J'y plonge une branche effeuillée;
Si de petits cristaux viennent à la couvrir,
  Il faut opérer la coulée.

Alerte ! mes amis ;
Regardez le mélange,
Voyez d'un œil adroit si quelque heureux échange
A joint le dur au doux par des nœuds assortis.

CHŒUR.

Où la sévérité s'allie à la tendresse,
Où la force robuste est jointe à la douceur,
Régneront de concert harmonie et justesse.
Voyez bien si le cœur s'accorde avec le cœur,
Vous qui liez des nœuds pour toute l'existence :
Courte est l'illusion, long est le repentir.
Mais voici que déjà la promise s'avance [5] ;
Dans ses tresses d'or fin, que baise le zéphyr,
Se joue et s'arrondit la rose virginale,
Et la cloche qui lance un accent argentin
Invite à célébrer la fête nuptiale.
Quand ce jour sans pareil arrive à son déclin,
Comme un rêve s'éteint le printemps de la vie ;
Avec le chaste voile et la ceinture amie,
La douce illusion tombe et s'évanouit.
La passion s'enfuit,
Mais l'amour doit survivre ;

La fleur meurt sous le givre,
Mais le fruit doit mûrir.
L'homme doit ressentir
L'épouvante profonde
De la vie et du monde ;
Il doit agir, lutter,
Et produire, et planter,
D'une ardeur peu commune,
S'efforcer et ruser,
Parier même, oser,
Pourchasser la fortune,
L'épier, l'affronter,
Afin de la dompter [6].

Alors d'immenses biens autour de lui se pressent ;
Ses greniers, sous les dons les plus riches, s'affaissent,
Son domaine s'accroît, sa maison s'agrandit,
 La chaste épouse en est la reine ;
  En elle Dieu bénit
  Une mère chrétienne:
  Elle fait la leçon
  Au cercle de famille,
  Instruit la jeune fille,
  Veille sur le garçon.
Active et pleine d'ordre, elle se meut sans cesse,

Augmente le bien-être et bannit la mollesse ;
Elle emplit de trésors le coffret odorant,
Le fuseau sous ses doigts murmure en se couvrant ;
Dans le bahut massif qui luit comme une glace,
La laine éblouissante ou le lin blanc s'amasse ;
A l'utile elle joint ce qui flatte les yeux,
    Le repos lui semble odieux.

Et le père joyeux, du haut de son étage
Qui domine un riant et vaste paysage,
Contemple son domaine et son bien florissant,
Le buisson qui verdit, l'arbuste grandissant,
Et ses greniers ployant sous leur trop d'abondance,
Et les flots sinueux du blé qui se balance ;
C'est alors qu'il s'écrie, enflammé par l'orgueil :
« Ferme comme le fond ténébreux de la terre,
L'esquif de ma maison ne craint aucun écueil,
Et brave du malheur la puissance éphémère ! »
Mais, hélas ! on ne peut avec la loi du sort,
Non plus qu'avec l'arrêt funèbre de la mort,
Conclure de traités ni de pactes durables :
Il accourt le malheur, il accourt à grands pas,
Et, toujours au moment où l'on ne l'attend pas,
Il étreint le bonheur dans ses mains détestables [7].

LE MAITRE FONDEUR.

Nous pouvons commencer à couler le métal,
    La cassure est satisfaisante ;
Mais, avant de laisser sortir son flot brutal,
    Priez tous d'une voix fervente.
    Enlevez le bonon !
    Dieu garde la maison !
Car je vois une mer de feu sombre qui roule,
Et qui fume, en tombant dans l'enceinte du moule.

CHOEUR.

Utile et bienfaisant est le pouvoir du feu,
Quand l'homme sait dompter la flamme et l'emprisonne,
Car tout ce qu'il produit et tout ce qu'il façonne,
Il le doit à ce don qu'il a reçu de Dieu.
Mais comme elle est terrible, impitoyable et dure,
Quand elle se révolte et brise ses liens,
Cette sauvage enfant de la mère nature
Et que, louve évadée, elle a rompu ses freins !
Malheur ! lorsqu'elle peut, de succès enhardie,
Croître sans résistance et par torrents fougueux,

Se répandre à travers les quartiers populeux,
En y faisant briller l'effroyable incendie.
Hélas! les éléments ont en profonde horreur
Tout ce qu'a formé l'homme au prix de sa sueur.
   Des nuages s'élance
    La pluie et l'abondance :
   Dans les nuages luit
    La foudre qui détruit!
Au sommet de la tour, écoutez quel vacarme!
    C'est la cloche d'alarme!
   Les cieux sont empourprés
    D'une teinte sanglante;
Ce n'est pas là du jour la clarté consolante!
    Que de gens effarés
    S'agitent dans les rues!
Des tourbillons épais s'élèvent jusqu'aux nues!
A travers les replis des vastes carrefours,
La colonne de feu gagne... gagne toujours,
Et, prompte comme l'air dans sa course effrayante,
    Elle devient géante.
L'atmosphère embrasée est comme un four brûlant,
    Les solives craquent,
    Les fenêtres claquent,
    Tout roule en croulant

Dans l'ardent Tartare ;
La mère s'égare
En longs errements,
Les enfants gémissent ;
Sous les tas fumants
Les bêtes mugissent [8].

De tous côtés on court, on s'échappe, on s'enfuit
La lumière étincelle au milieu de la nuit.
De main en main les seaux circulent avec peine
    Comme une longue chaîne,
Et dans les airs se courbe en flots libérateurs
L'eau qui doit étouffer la flamme et ses fureurs.
La tempête qui hurle avec fracas arrive
Et mugit en cherchant la flamme qu'elle active.
La moisson sèche éclate, et les vieilles parois
Des toits et des greniers, tout s'embrase à la fois
L'élément furieux en langues menaçantes
Grandit, s'abaisse, hésite et monte vers le ciel ;
On dirait en voyant ses flammes terrassantes,
Qu'il veut faire du monde un désert éternel,
   C'est comme un géant en démence !
    Dénué de toute espérance,
L'homme obéit enfin à la force des Dieux :
Immobile, le front penché sur sa poitrine,

Il voit périr le fruit d'un temps laborieux,
Et d'un œil hébété contemple sa ruine.
  Dans ce funeste lieu,
  Tout est consumé par le feu;
Maintenant c'est le lit des ouragans avides,
  Qui dans les ouvertures vides
N'ont plus à balayer que des cendres humides.
Par-dessus les monceaux de décombres fumants
  Passent des tourbillonnements.
  Sur la tombe de sa richesse
  L'homme jette un dernier regard,
  Regard amer, plein de détresse,
  Puis, le bâton en main, il part,
Emportant dans son âme une douce pensée :
Les têtes qu'il chérit il vient de les compter,
O bonheur ! le fléau daigna les respecter,
Aucune n'est absente, aucune n'est blessée.

LE MAITRE FONDEUR.

La terre dans son sein a reçu le métal,
  La forme du moule est bien pleine;
Dieu veuille que l'ouvrage en sorte sans rival,
  Pour compenser l'art et la peine !

Si la fonte manquait!
Si le moule craquait!
A l'heure où nous pensons qu'un accident va naître,
Un funeste malheur nous a frappés peut-être.

CHŒUR.

Toujours nous confions l'ouvrage de nos mains
Aux ravins ténébreux de la terre sacrée :
Le pauvre laboureur y dépose ses grains,
En espérant que Dieu, de sa main vénérée,
Fera lever le germe et verdir les moissons.
Et nous, pleins de sanglots, nous ensevelissons
Dans la terre une graine encor plus précieuse,
Avec l'espoir qu'un jour s'élançant du cercueil,
Et laissant au tombeau ses longs habits de deuil,
Elle refleurira riante et radieuse.

Du beffroi fatal,
La cloche exhale
Un chant sépulcral,
Lent comme un râle [9].
Lugubre, elle accompagne en son dernier chemin,
Avec son glas de mort, un mortel pèlerin.

Hélas ! c'est une épouse, une mère adorée,
Que le roi de la nuit arrache à son époux,
A la jeune famille, abattue, éplorée,
Qu'elle vit tendrement grandir sur ses genoux.
Adieu, liens du cœur, adieu douce alliance !
Celle qui fut la mère a consumé ses jours,
C'en est fait de ses soins et de sa vigilance,
Adieu, bonté, tendresse ! Adieu donc pour toujours !
Au foyer orphelin régnera l'étrangère,
Indifférente à tout, sans amour, belle-mère.

LE MAITRE FONDEUR.

Mes compagnons, laissez la cloche refroidir,
    Votre tête est assez mouillée ;
Et chacun, comme fait l'oiseau sous la feuillée,
    Pourra se livrer au plaisir.
    Les étoiles scintillent,
    L'ouvrier, à loisir,
Entend les carillons qui vers le soir sautillent ;
Le maître ne sait pas ce que c'est que dormir.

CHOEUR.

A travers la forêt qu'un vent mourant effleure,
Le voyageur poudreux, content de son travail,
Hâte gaîment le pas vers sa chère demeure.
Les brebis en bêlant regagnent le bercail,
    Les bœufs et les génisses,
Avec leurs larges fronts et leurs pelages lisses,
    Viennent en mugissant
Reprendre dans l'étable une place connue.
Puis le lourd chariot s'avance en balançant
    Sous sa charge touffue;
On voit étinceler des plus vives couleurs
    Sur la gerbe dorée
    Une couronne diaprée,
Et le peuple joyeux des jeunes moissonneurs
    Vole au lieu de la danse.
La rue et le marché rentrent dans le silence,
Et dans chaque maison on s'attable gaîment
Autour de la lumière. O suave moment!
La mère, au front calmé, meut son aiguille agile,
Le père se repose et rit en conversant [1],
Tandis que l'on entend la porte de la ville
    Se fermer en grinçant.

L'obscurité de l'ombre
Enveloppe la terre avec son voile sombre.
La nuit mystérieuse et noire en s'approchant
N'épouvante que le méchant :
Le paisible bourgeois tranquillement sommeille,
Car l'œil de la justice veille.

Ordre saint, fils béni de la divinité,
Qui formes librement des unions aimables
Entre le monde entier et les êtres semblables,
C'est toi qui fais lever les murs de la cité,
Qui les fais habiter aux barbares sauvages,
Arrachés à leurs bois, à leurs rudes rivages.
Sous les toits des mortels, affable tu parviens,
Tu donnes la douceur des mœurs et de la vie,
Et tu nouas entre eux le plus beau des liens,
L'amour de la Patrie!

Mille bras empressés dans un accord joyeux
Se prêtent l'un à l'autre une aimable assistance;
La force de chacun s'exerce et se dépense.
Le maître et l'ouvrier, sous la protection
De la liberté sainte, accomplissent leur tâche,
Et bravent le dédain avec compassion :
Chacun se réjouit de l'œuvre qui l'attache.

Le travail au bourgeois tient lieu d'ornements vains,
Et la prospérité seule le récompense ;
Il s'honore, le roi, de sa noble puissance,
Et nous nous honorons du travail de nos mains.

  O paix ! Paix adorable !
   O suave union !
  Restez solide et stable,
Restez dans cette ville et cette nation !
Plaise à Dieu que jamais ne paraissent les âges
  Où de barbares bataillons
La guerre inonderait ces paisibles parages ;
  Où le ciel, les bleus horizons,
Que le doux incarnat du pâle crépuscule
  Colore de molles clartés,
Refléteraient l'éclat de la flamme qui brûle
  Les villages et les cités !

LE MAITRE FONDEUR.

Compagnons, il est temps de rompre l'édifice,
  Son rôle est maintenant rempli,
Et vous, que votre cœur, votre œil se réjouisse ;
  Bonheur ! l'ouvrage a réussi ;

Cassez le moule, vite !
Frappez, frappez, marteaux !
Pour que la cloche au jour paraisse et ressuscite,
Il faut que nous mettions l'enveloppe en morceaux.

CHŒUR.

Le maître peut briser la forme bienfaisante,
Mais à temps, d'une main que guide la raison ;
Malheur ! quand se répand en rivière écumante
Le bronze impétueux qui force sa prison !
Furieux et bruyant, ainsi que le tonnerre,
Il crève l'enveloppe et la met en éclats,
Et, pareil au Tartare entr'ouvert sur la terre,
Il vomit incendie, épouvante et trépas.
Quand prévaut le délire ou les forces brutales
Aucun ordre jamais ne pourra s'établir ;
Quand, par lui-même, un peuple a des lois libérales,
Le bien-être ne peut fleurir.

Malheur ! quand dans le sein des villes florissantes
L'étincelle longtemps sous la cendre a couvé,
Quand le peuple a rompu ses chaînes trop pesantes
Et, le cœur plein de rage, en masse s'est levé.

L'émeute, suspendue aux cordes de la cloche,
La force dans les airs à hurler ses forfaits,
Et cette voix d'airain, consacrée à la paix,
Doit donner le signal d'une révolte proche.

Liberté! retentit avec Égalité!
Le paisible bourgeois aussitôt court aux armes,
La foule remplit tout de ses grands cris d'alarmes;
Des bandes d'assassins rôdent dans la cité,
Et les femmes alors deviennent des hyènes :
Elles se font un jeu de la férocité,
Et leurs sanglantes dents déchirent, inhumaines,
Le cœur tout palpitant d'un tyran détesté.
Rien ne reste sacré : tout s'écroule et se brise
Jusqu'aux liens divins d'une sainte pudeur.
L'impie a remplacé le bon qu'il scandalise,
Et le vice en plein jour étale sa laideur.
Éveiller le lion est un projet terrible,
Effroyable est la dent du tigre furieux,
Mais, pour une cité le mal le plus horrible,
C'est l'homme en son délire, écumant, envieux.
Maudit, trois fois maudit, celui qui gratifie
Cet aveugle éternel du céleste flambeau!

Il ne l'éclaire pas ; son feu ne le convie
Qu'à faire des cités un aride tombeau.

LE MAITRE FONDEUR.

Dieu m'a comblé le cœur d'une joie inouïe !
    Voyez ! Comme une étoile d'or,
Se dégageant du moule, éclatante et polie,
    La cloche a pris un libre essor,
        Et, de la base au faîte,
        Reluit comme un soleil.
Le talent du mouleur est vraiment sans pareil,
Car, jusqu'à l'écusson, toute l'œuvre est parfaite.

    Entrez, compagnons, entrez tous !
Autour de votre ouvrage, en cercle placez-vous,
Pour baptiser la cloche et la fêter ensemble :
Appelons-la *Concorde,* et qu'elle ne rassemble
Ni n'invite jamais notre communauté
Qu'à des réunions de paix ou de gaîté !

CHŒUR.

Que tel à l'avenir soit son auguste office!
Le maître en la fondant veut qu'elle le remplisse.
Dans la tente d'azur où s'arrondit le ciel,
Élevée au-dessus de notre pauvre terre,
Tu te balanceras, voisine du tonnerre,
Près des lieux étoilés qu'habite l'Éternel,
Messagère d'en haut. Ainsi que les planètes
Qui, louant dans leur cours le puissant Créateur,
Nous amènent sans cesse, avec leur brillant chœur
Les jeunes ans parés de tendres bandelettes,
Que ta bouche d'airain annonce seulement
Un événement grave, éternel et splendide,
Et que le Temps zélé, de son aile rapide,
Te touche, dans son vol, presque à chaque moment.
Sacrifie au Destin ta voix impartiale,
Éloigne la pitié, bannis les passions,
Et sache accompagner de tes vibrations
L'homme pour qui la vie est un vaste dédale.
De même que le son tout d'abord argentin,
Nous frappe, pour s'éteindre, emporté par la brise,

Puisses-tu, cloche sainte, apprendre au genre humain

Qu'ici-bas tout meurt et se brise[11] !

LE MAITRE FONDEUR.

Empruntez le secours des câbles vigoureux,

Otez la cloche de la fosse.

Dans l'empire du son, dans les airs vaporeux,

Qu'elle monte comme un colosse !

Elle se meut, tirez !

Tirez, elle s'agite !

Qu'en l'entendant, la ville à la gaîté s'excite,

Que ses premiers accents par la paix soient sacrés !

NOTES.

L'auteur de cette traduction en vers n'a pas eu la prétention de donner un démenti au jugement de Mme de Staël qui déclare *intraduisible* ce chef-d'œuvre de Schiller. Il a simplement mis un mot à mot poétique sous les vers du poëte allemand : presque partout, le lecteur reconnaitra et sentira l'original, jusque dans la coupe des vers et les nombreux mètres des strophes. C'est en quoi cet essai diffère essentiellement des rares traductions en vers de ce *lied*, et en particulier de celle d'Émile Deschamps.

1. On a tâché d'orner de quelques figures cette espèce de préambule où Schiller, tout en émettant de très-belles pensées, a été plus abstrait que dans le reste de l'ouvrage.

2. Cette comparaison, qui n'est pas exprimée dans l'original, venait cependant d'elle-même.

3. On a particularisé le *vieler Menschen*.

4. Après bien des efforts infructueux, on a fini par renoncer à traduire le mot *erbaulich*, qui ajoute à l'idée celle d'une sainte et divine bénédiction.

5. Vers de transition.

6. On a conservé à dessein l'accumulation des verbes,

destinée à rendre l'agitation fébrile de l'homme qui va à la chasse (*erjagen*) de la fortune.

7. On n'a pu résister à la tentation de développer le vers final : *Und das Ungluck schreitet schnell*.

8. Les vers de cinq syllabes, qui sont en usage dans la poésie lyrique, ont semblé bien convenir à ce morceau.

9. Par la rime *al* et *ale*, on a voulu rendre (mais on craint d'avoir peu réussi) l'harmonie imitative du glas funèbre, que Schiller a rencontrée si heureusement.

10. On demande encore grâce pour les deux vers ajoutés à l'original : on n'a cherché qu'à compléter un charmant tableau d'intérieur.

11. Au lieu de s'adresser à la cloche indirectement, on a mieux aimé adopter l'apostrophe directe, déjà employée par Schiller à propos de l'ordre et de la paix.

Achevé d'imprimer

LE TRENTE JUIN MIL HUIT CENT SOIXANTE-DOUZE

PAR J. CLAYE

POUR

A. LEMERRE, LIBRAIRE

A PARIS

PETITE BIBLIOTHÈQUE LITTÉRAIRE
(AUTEURS CONTEMPORAINS.)

Volumes petit in-12 format des (Elzévirs)
imprimés sur papier vélin teinté.

Chaque volume : 5 fr. et 6 fr.

*Chaque ouvrage est orné d'un portrait
gravé à l'eau-forte.*

FRANÇOIS COPPÉE. Poésies (1864-1869). 1 vol. . . . 5 fr.

THÉODORE DE BANVILLE. Poésies (1870-1871). *Idylles prussiennes.* 1 volume . . . . 5 fr.

ANDRÉ LEMOYNE. Poésies (1855-1870). *Les Charmeuses. — Les Roses d'antan.* 1 volume . . . . 5 fr.

JOSÉPHIN SOULARY. Œuvres poétiques (1845-1871). Première partie. — Sonnets. 1 volume . . . . . 6 fr.

SULLY PRUDHOMME. Poésies (1865-1866). *Stances et Poëmes.* 1 volume . . . . 6 fr.

SOUS PRESSE

Les Œuvres poétiques complètes de Th. de Banville,
Le second volume de Poésies de Sully Prudhomme,
Le second volume des Œuvres poétiques de Joséphin Soulary,
Les Œuvres de Léon Gozlan
et les Œuvres de Barbey d'Aurevilly.

---

*Il est fait un tirage de cette collection sur papier de Hollande
sur papier Whatman et sur papier de Chine.*

Voir pour les autres publications de M. Ch. Marty-Laveaux
pages 1 et 20.

www.ingramcontent.com/pod-product-compliance
Lightning Source LLC
Chambersburg PA
CBHW060524050426
42451CB00009B/1142